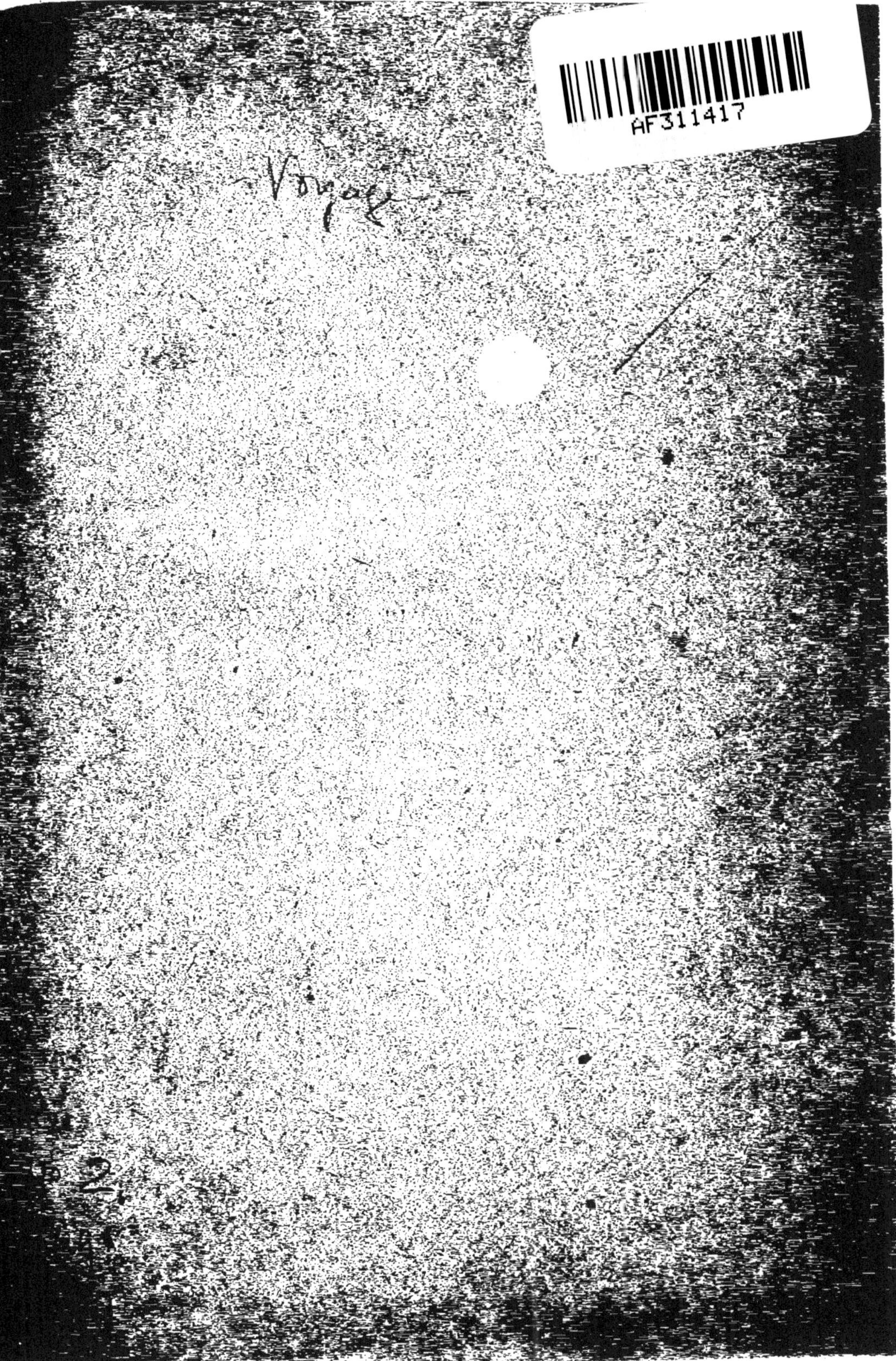
Voyage
AF311417

REVUE

DE PARIS.

Nouvelle Série. — Année 1836.

[Février.]

TOME VINGT-SIXIÈME.

PARIS.

AU BUREAU DE LA REVUE DE PARIS,
RUE DES FILLES-SAINT-THOMAS, 17.

1836.

VOYAGE

PITTORESQUE ET INDUSTRIEL

DANS

LE PARAGUAY-ROUX

ET LA PALINGÉNÉSIE AUSTRALE,

PAR TRIDACE – NAFÉ – THÉOBROME
DE KAOUT' T' CHOUK, ETC.

Il y a des gens qui se persuadent que le métier de journaliste est une des sinécures les plus fainéantes de ce monde, et ils se trompent grandement, si j'ose en juger par l'ennui que j'éprouve à trouver, dans le cercle de mes petites attributions, quelque sujet nouveau qui soit digne de distraire le lecteur de la politique, ou de l'amuser du rien-faire. J'étais tout prêt à me noyer de désespoir dans un fatras de brochures narcotiques et absorbantes, quand ma main s'est retenue par hasard (ou par cet instinct merveilleux de conservation qui ne manque jamais à l'homme) aux *Voyages de Kaout' t' Chouk*, savant étranger dont le nom trahit sensiblement l'origine. Comme il n'y a, entre *Kaout' t' Chouk* et moi, aucune de ces suaves et sonores harmonies qui entretiennent l'accord parfait des auteurs et de leurs critiques, je puis vous faire en secret une révélation bien précieuse pour l'histoire littéraire, et dont il faut que mon jeune et savant ami M. Quérard prenne acte le plus tôt possible dans le bel ouvrage où il dit tant de mal de moi. C'est que cet écrivain souple, élastique et moëlleux qu'on appelle *Kaout' t' Chouk*, n'est autre qu'un jeune Chinois fort connu, que les mandarins de la Chine avaient eu la complaisance d'envoyer à Paris pour y apprendre la perfectibilité, et qui s'en retourne à Pékin bachelier ou maître ès-arts, la tête pleine de sciences, de découvertes et de nomenclatures. Je ne sais où il a écrit son voyage, mais je pose en fait qu'on ne le raconterait pas mieux à Paris, quand on a dû à la prudente largesse de ses parens l'inappréciable bonheur d'y passer quelques années dans les bonnes écoles.

J'avais souvent entendu parler de *Kaout' t' Chouk*, et qui n'a pas entendu parler de *Kaout' t' Chouk?* Je le connaissais même sous ses prénoms de *Tridace* et de *Théobrome*, parce qu'il est bien difficile de ne pas les lire inscrits en gros caractères au second *verso* du journal, si distrait que l'on soit d'ailleurs de l'occupation essentielle d'une journée régulière par la visite d'un médecin, ou par celle d'un créancier. Quant au Paraguay-Roux, j'ai toujours désiré de recevoir quelques renseignemens positifs sur cette contrée célèbre, depuis qu'elle occupe infailliblement un paragraphe officieux ou officiel de toutes les feuilles publiques où le compositeur lui réserve une rubrique inamovible, comme à l'article *Espagne* et à l'article *Angleterre*; mais les voyageurs n'y pensaient pas. Vous trouviez à tout bout de champ d'intrépides explorateurs des régions inconnues qui revenaient de Tombouctou sans y être allés; mais du Paraguay-Roux, point de nouvelles. Et j'étais dans ces dispositions d'esprit, quand je reçus franc de port le charmant livret exotique dont j'ai l'agrément de vous entretenir aujourd'hui, c'est-à-dire le *Voyage pittoresque et industriel de Kaout' t' Chouk dans le Paraguay-Roux*.

La première chose qui frappe les yeux et l'esprit dans ce délicieux specimen des arts du nouveau monde, c'est la perfection de son exécution typographique, égale, si plus ne passe, à tout ce qu'Elzevir et Didot ont produit de plus achevé. La presse à la vapeur, qui est déjà en usage aux sources du Meschacébé, ne nous avait pas accoutumés dans notre vieille Europe à l'élégance et à la pureté de ce tirage. Le papier est ferme, retentissant, et susceptible d'être soumis à l'action d'un air un peu chargé d'humidité sans se décomposer en bouillie comme celui de nos fabriques, ce qui offre un certain avantage aux consommateurs de livres, si multipliés de nos jours par les progrès de l'instruction. Quant aux lettres fantasques ou ornées, on ne peut se dissimuler que le graveur meschacébite a laissé fort en arrière les ingénieux artistes parisiens qui se sont proposé, comme un agréable sujet d'émulation, le travestissement de l'alphabet en petites capitales étiques, obèses ou bancroches, d'une riante difformité. La ligne imprimée en ce genre au frontispice du *Voyage de Kaout' t' Chouk* a le mérite incontestable d'être complètement illisible, ce qui n'avait jamais été tenté jusqu'ici, et ce qui prouve bien de l'esprit et bien du goût. Malgré la longue habitude que je me suis faite de ces utiles difficultés dans l'étude des hiéroglyphes, et surtout dans la correspondance autographe du docte M. Michel Berr, je déclare avec franchise que cette ligne serait restée en blanc dans mon article, si l'éditeur n'avait eu l'attention délicate de la traduire en lettres humaines à la page de l'avant-titre. Publiée il y a quelques années, sans cette aimable attention, elle aurait hâté nécessairement la mort déjà trop précoce de mon illustre confrère M. Champollion. Voilà ce qu'on peut appeler un progrès intelligent et moral de l'imprimerie, et c'est ainsi qu'il faudrait imprimer presque tous les livres.

Kaout' t' Chouk s'embarqua le 31 février 1831 (style chinois) sur la fameuse corvette *la Calembredaine*, au port de Saint-Malo. Nouvellement initié alors aux mystères de la langue romantique et de la littérature maritime, il en prodigue la *terminologie* avec toute la confiance d'un néophyte qui s'attache moins à la valeur des expressions qu'à leur effet. Après avoir cargué les amarres et déferlé les aubans, on part toutes voiles dedans, sous un vent de sud-est-nord-ouest. Il vente frais sous un ciel bleu; les lames clapotent en silence; les brisans se jouent autour des flancs du bâtiment qui file son nœud, et qui a bientôt doublé le cap Finistère, endroit où commence la fin du monde, ainsi que l'indique son nom. Je le laisserai vaquer sans moi aux premières explorations scientifiques de son voyage, quoiqu'il y ait beaucoup de choses à apprendre dans son histoire de la fabrication du madère sec, et dans sa profonde théorie des raisons physiologiques en vertu desquelles le serin des Canaries a les plumes jaunes, ce qui n'empêche pas un méthodiste de l'appeler

13.

vert, et un autre de l'appeler *brun*. Ces considérations ne manquent certainement pas d'intérêt; mais elles touchent de trop près à nos habitudes, à nos besoins ou à nos plaisirs, pour mériter d'occuper sérieusement l'intelligence d'un homme qui sait faire bon usage de son éducation, le but principal de la science étant, comme tout le monde sait, d'approfondir les choses inutiles, et d'expliquer les choses inexplicables, surtout quand elles ne valent pas la peine qu'on les explique.

Je ne peux me dispenser cependant de m'arrêter un moment avec *Kaout' t' Chouk* au sommet du pic de Ténériffe, où il fait la rencontre d'un des industriels les plus avancés de notre époque. Ce grand homme est parvenu à convertir la neige en sel marin par dessiccation, sans autre apprêt que le mélange d'un alkali volatil bien compact, et le plus dur que l'on peut trouver. La neige, enveloppée hermétiquement par la flamme, se cristallise à l'instant et se retire toute rouge de la fournaise; on la jette alors dans des baquets remplis d'une légère dissolution d'alun et de salpêtre animal, et c'est dans cette préparation qu'elle reprend sa blancheur primitive. « Nous goûtâmes ce sel merveilleux, ajoute *Kaout' t' Chouk*; il était très sapide, agaçant légèrement les houppes nerveuses de la langue, et superbe à l'œil. »

Le particulier si éminemment recommandable qui a établi cette précieuse manufacture était depuis long-temps en possession de tirer une huile exquise de certains cailloux de Ténériffe, qui contiennent l'*oléagine* pure et pour ainsi dire native; mais cette opération est trop connue aujourd'hui pour qu'il soit nécessaire d'insister sur ses procédés. On comprend avec quelle facilité les végétaux ligneux de la montagne lui fournissent le seul vinaigre dont nous fassions usage à Paris; et comme l'*humus* qui la couvre est prodigieusement fertile en plantes saladiformes, il est aisé de conclure de cette heureuse combinaison de circonstances que le pic de Ténériffe est l'endroit de la terre où l'on mange les salades les mieux confectionnées, au poivre près qu'il faut encore tirer de Cayenne. Il y aurait un moyen fort simple de remédier à cet inconvénient : ce serait de trouver la *pipérine* dans quelques racines ou dans quelques herbes propres aux localités, comme la laitue ou la betterave, et notre chimiste agronome trouvera infailliblement la *pipérine,* si elle n'est déjà trouvée. Après cela, il n'y aura plus rien à trouver, grace au ciel, si ce n'est la salade toute faite.

Nous ne ferons pas une relâche plus longue au Cap de Bonne-Espérance, où *Kaout' t' Chouk* remarque fort spirituellement que tous les indigènes *du pays* sont Anglais ou Hollandais, ce qui donne à cette population autochtone une physionomie sauvage très particulière, dont on ne peut guère se former une idée que dans les tavernes de Londres et les *musicos* d'Amsterdam. Les voyageurs ne manquèrent pas de visiter la fameuse montagne de *la Table,* qui était alors couverte d'une *nappe* d'eau, parce qu'il y avait eu de l'orage. Ils n'en présentèrent pas moins leurs hommages au célèbre M. Herschell, «digne neveu d'un père illustre,» et je demande grace en faveur de *Kaout' t' Chouk* pour ce *lapsus linguae* d'érudit. C'est le *nepos* des latins que nous traduisons par *neveu* dans la langue poétique, en parlant de nos petits-enfans dans la ligne directe de descendance. Au reste, il doit être bien rare, quand on possède tous les idiomes de la terre, de ne pas commettre par-ci par-là quelques légers *spropositi* dans celui dont on prend la peine de se servir pour la commodité du public, et c'est ce qui explique suffisamment pourquoi les savans ont en général un style si baroque.

Je reviens à M. Herschell: «Il s'est installé pour trois ans à *la Table* du cap de Bonne-Espérance,» dit *Kaout' t' Chouk,* «afin de vérifier si l'envers des étoiles dont il avait observé le côté opposé, à Greenwich, en Angleterre, est identiquement semblable à leur endroit.» Personne n'ignore que M. Herschell se sert pour cette belle investigation empyréenne d'un télescope géant dont la portée échappe à tous les calculs, car il a la propriété inexprimable en chiffres de rapprocher les corps célestes douze fois plus près qu'ils ne sont loin. L'admirable exactitude avec laquelle M. Herschell et ses élèves reproduisent journellement le *prospect,* le profil et le plan des monumens de la lune, est par conséquent un garant bien sûr de la fidélité de leurs dessins, dans la topographie si impatiemment attendue de Saturne et surtout d'Uranus, où ils discernent les moindres objets beaucoup plus nettement qu'ils ne pourraient le faire dans leur chambre en plein midi, c'est-à-dire à l'heure où ces messieurs ont contracté l'habitude immémoriale de nous faire voir les étoiles.

Beaucoup de gens auront dit jusqu'ici du voyage de mon Chinois ce que disait le vieux Fontenelle d'un amphigouri de Collé : « Je n'ai garde de m'étonner de ce que j'entends tous les jours. » Voilà réellement d'étranges merveilles pour qu'elles vaillent qu'on les raconte! Pendant que voyageait *Kaout' t' Chouk*, la science courait devant lui. Le boulet souterrain qui se propose de nous arriver, en vingt-deux minutes et demie, par un *tunnel* pratiqué de Bruxelles à Paris, est encore plus fort que le télescope d'Herschell, et plus difficile à digérer que la salade du pic Ténériffe. Le jeune découvreur que je suis religieusement à la trace, a commencé comme le souriceau de La Fontaine, *qui n'avait rien vu*, par s'amuser innocemment aux bagatelles de la porte. Il faut le retrouver dégagé de ces intuitions naïves, s'associant, ou plutôt s'assimilant progressivement aux aperceptions les plus éclectives de son sens intellectif, pour jouir esthétiquement des acquisitions de sa comprehensivité. Il suffit pour cela de l'accompagner jusqu'aux îles de la Polynésie où il a eu le temps de parvenir, selon toute apparence, pendant que j'écrivais les mots ci-dessus.

Vanoua-Leboli ne retint pas long-temps *Kaout' t' Chouk*, cette île étant tellement déserte qu'on y rencontre souvent des villages immenses où il serait impossible de trouver une seule maison. Notre *Kaout' t' Chouk*, animé de cet esprit de philanthropie qui impose aux gens de savoir le droit impérieux d'éclairer le genre humain, et de lui apprendre à connaître à fond toutes les choses dont il ne se soucie pas, sentait ce besoin généreux de discourir et de disputer qui demande ordinairement un auditoire. C'est ce qui décida le choix de l'estimable voyageur en faveur d'une autre île déserte où il y avait beaucoup de monde, et où les moindres bourgades lui parurent convenablement peuplées, surtout de jour. Il eut la politesse délicate d'en prendre possession au nom de la France, mais sans en faire part aux habitans, car il était un peu diplomate, et il l'appela par instinct l'*île de la Civilisation*. *Kaout' t' Chouk* ne croyait pas si bien dire. Si l'on s'en rapporte à ses *Mémoires* (et à quoi s'en rapporterait-on, je le demande, dans la littérature actuelle et dans l'histoire contemporaine, si on ne s'en rapportait pas aux *Mémoires* de *Kaout' t' Chouk?*), la civilisation de ce pays est en effet la plus complète qu'une nation extraordinairement perfectionnée puisse désirer pour son usage particulier, au moins jusqu'à nouvel ordre. Il ne faut jurer de rien avec la perfectibilité.

Je n'ai presque pas besoin de vous dire que l'*île de la Civilisation* a des chemins de fer, la civilisation ne marche plus sans cela; mais elle a depuis long-temps abandonné notre procédé, à cause de la lenteur des résultats. Le moteur actuel qui est incomparablement plus rapide, puisqu'il est physiquement impossible de distinguer le moment de l'arrivée de celui du départ, *et vice versâ*, par la plus minime des divisions du temps, est le fluide électrique. « La machine locomotive entièrement en métal, dit *Kaout' t' Chouk*, a la grandeur et la forme d'un pistolet d'arçon, ce qui lui a fait donner le nom de *pistolet de Volta*. On attache le wagon par un anneau de fer à une caisse de voiture en verre dans laquelle se place le voyageur, et cet appareil vole avec une rapidité incalculable sur un fil de fer qui lui sert de *conducteur*, ce système de *diligences* rendant tout autre conducteur inutile. » On voit qu'à l'avantage de la célérité, la méthode ingénieuse dont nous parlons réunit l'avantage plus précieux encore pour la population stationnaire, qui est assez nombreuse dans tous les pays, de n'entraîner ni expropriations vexatoires, ni violation permanente du sol sacré de l'agriculture, au bénéfice de quelques spéculateurs pressés de gagner. L'heure du départ expirée, une manivelle mue par quelque moyen analogue, rappelle le fil d'archal sur sa bobine immense, et le laboureur paisible peut retourner à ses travaux, avec autant de sécurité que s'il avait pris naissance dans la pastorale Arcadie, dans la gracieuse Tempé, ou dans toute autre île arriérée et barbare de l'archipel des *Bucoliques*.

Le service des postes se fait par ces routes, et *Kaout' t' Chouk* assure qu'il n'est pas rare de recevoir la réponse d'une lettre qu'on n'a pas encore fait partir; mais il est difficile de ne pas supposer là une petite exagération.

Ce qu'il y a de certain, c'est que nous n'irons guère plus avant dans la route des sciences, ou dans la science des routes, à moins que nous ne retrouvions le secret inappréciable de l'île d'*Oue* où *les chemins cheminaient,* et dont il nous est resté des traditions assez authentiques dans la *véritable Histoire de Pantagruel* et dans les souvenirs du peuple, comme le témoignent ces locutions si connues :

Ce chemin *vient* de tel endroit; ce chemin doit *aller* à tel autre;
celui-ci *va* vous *égarer*. Heureux temps où une voiture s'appelait
encore une *chaise*, parce qu'on n'avait pas besoin de sortir de la
sienne pour parcourir le monde, pourvu qu'on l'eût placée sur le
pavé du roi dans une voie bien tracée! C'est de cette grande époque
de notre civilisation (Dieu nous la rende!) que date la coutume de
commencer tous les voyages d'instruction par celui de Rome où tous
les chemins *allaient*, selon le proverbe antique, et il faut avouer
que c'était une grande commodité. On assure qu'elle est encore à
l'usage d'un grand nombre de voyageurs qui composent leurs re-
lations sans quitter la place, mais c'est ce qu'on ne pourra pas dire
du voyage de *la Calembredaine* où l'Europe avait tant de députés.
Quelques-uns soutiennent même qu'elle portait à son bord le *con-*
grès scientifique, et c'est probablement pour cela qu'on n'en parle
plus à Paris.

On imagine aisément que les caisses d'épargnes sont parvenues
à l'*île de la Civilisation*, à moins qu'on n'aime mieux penser qu'elles
en viennent. *Kaout' t' Chouk* eut la satisfaction d'en trouver jusque
dans les plus misérables hameaux, et de voir l'ouvrier sans travail,
le prolétaire indigent, l'infortuné vaincu par la misère et par le
désespoir, verser avec empressement dans ces trésors providentiels
l'excédant de leurs besoins, le superflu de leur nécessaire, et le
fruit de leurs économies. C'est une chose commune en ce pays-là,
et qui n'en est pas moins touchante, que de refuser à cinq ou six
pauvres enfans affamés leur maigre repas quotidien, afin de se mé-
nager un morceau de pain pour la vieillesse. Le sentiment moral
de cette sublime institution a tellement prévalu parmi le peuple,
qu'une multitude d'individus ont pris le parti de vivre d'emprunt
pour épargner davantage, et ce moyen assez plausible est déjà
connu à Paris. Il est résulté de cette magnifique invention de la phi-
lantropie australe que le numéraire a totalement disparu de la
circulation, car il n'y a millionnaire assez traître aux intérêts im-
prescriptibles et sacrés de son argent pour s'en réserver de quoi
faire chanter un aveugle. Il aura beau, le déplorable Homère de la
borne, faire ronfler sous un archet qui n'a plus que le bois, les
deux cordes rauques qui vibrent encore à son crin-crin! En retour
du plaisir que ses mélodies monotones procurent à l'oreille des pas-

sans, son oreille, à lui, ne sera plus égayée par le son joyeux du
sou mal marqué qui bondit seul et à l'aise dans sa timballe de fer
blanc. Le sou de l'aveugle est à la caisse d'épargne où il ne le por-
terait pas si on le lui avait donné, car il n'a pas mangé d'aujourd'hui.
Mais c'est un des inconvéniens inévitables de notre civilisation fis-
cale et financière qui n'est pas faite pour les aveugles, et qui l'est
bien moins encore pour les manchots.

Il y a des esprits hargneux ou mal-intentionnés qui allégueront
à ce sujet l'intérêt du commerce, de l'industrie et des arts, bran-
ches essentielles de prospérité qui s'appauvrissent en raison directe
des progrès de l'avarice publique; sources abondantes de la richesse
nationale qui promettaient de ne pas tarir, et qu'on détourne ha-
bilement par un canal secret pour les faire tomber dans l'Océan du
monopole et de l'usure. On ne s'occupe guère de ces paradoxes dans
l'*île de la Civilisation*. Toutes les pensées y sont tournées vers les
caisses d'épargnes qui gagnent journellement en embonpoint celui
que perdent leurs cliens; mais il est vrai de dire qu'elles offriront
un jour une ressource bien opportune aux personnes qui auront
l'agrément de ne manquer de rien.

J'avais juré de ne plus parler de politique, parce que la politique
est assez *parlière* d'elle-même pour se passer de truchement, mais
il est bien difficile d'oublier cette science exorbitamment progres-
sive, quand on s'est engagé, à ses risques et périls, dans la dis-
cussion d'une question de progrès. La politique est en voie de perfection dans l'*île de la Civilisation* comme partout, et j'oserais même
assurer qu'elle n'y laisse rien à désirer, s'il n'était de sa nature de
désirer toujours quelque chose. L'*île de la Civilisation* jouit comme
nous des douceurs d'un gouvernement représentatif, c'est-à-dire
d'une constitution aussi libérale qu'on a pu l'imaginer, dans
laquelle la soixante millième partie de la nation représente la cent
cinquantième en présence des cent quarante-neuf autres et à leur
satisfaction unanime.

La parcimonie philosophique et sentimentale sur laquelle sont
fondées les *caisses d'épargnes* est l'ame des gouvernemens représen-
tatifs, qui savent qu'ils ont long-temps à vivre, et qui éprouvent le
besoin d'économiser pour l'époque de décadence où ils retomberont,

par la force des choses, dans l'imbécillité puérile du premier âge. C'est un accident qui peut cependant arriver d'un jour à l'autre, à cause de l'extrême rapidité avec laquelle la civilisation se développe, le wagon social allant si vite que l'étincelle électrique a peine à le suivre. Aussi, la fixation des honoraires du roi ne manquait pas d'exciter autrefois dans l'*île de la Civilisation*, à tous les couronnemens, de violens orages parlementaires dont la constitution du pays a été souvent ébranlee. Le *victus* et le *vestitus* monarchiques y étaient tombés à un tel degré de rabais, que les industriels politiques étaient sur le point de se déclarer en carence de matière royale et propre à trôner, depuis qu'une dynastie de grande espérance avait eu le malheur de s'éteindre par excès de régime. On recourut inutilement d'abord à la condamnation judiciaire et à l'apprehension par corps pour se procurer des souverains à la diète; les infortunés se retranchaient sur la liberté individuelle, et les délais de la justice leur permettaient ordinairement de se sauver, ou du moins de se pendre. La monarchie en était là, quand un de ces prodigieux génies qui se rencontrent communément dans l'opposition, s'avisa d'un expédient qui a pourvu bien spirituellement à cette difficulté. Le royaume florit maintenant sous les lois d'un charmant petit monarque de palissandre incrusté qui est mu par des rouages fort simples, comme une horloge de bois. Quand les poids sont remontés, et le ressort mis en mouvement, cet autocrate debonnaire peut signer de sa main droite, en superbe courante anglaise, vingt ou trente belles pièces gouvernementales qui ne coûtent que le timbre; et ce qu'il y a d'infiniment remarquable dans cette merveilleuse machine constitutionnel'e, c'est qu'il signerait également de la gauche, si tel avait été le bon plaisir du mécanicien. L'opération terminée, on replace le roi dans le garde-meuble jusqu'à la session suivante, après avoir pris toutes les précautions convenables pour le préserver des atteintes de certains insectes malveillans qui sont très friands de palissandre, mais les seuls ennemis d'ailleurs que ce prince heureux et paisible ait à redouter dans son Louvre de carton. Cette ingénieuse invention réduit la liste civile à une modeste somme de 17 francs 52 centimes, qui sont cotés au budget pour fourniture des linimens onctueux nécessaires à l'entretien de la branche régnante; et il en résulte qu'il n'y a presque point de révolution à craindre dans *l'île de la Civilisation*, d'ici au premier renchérissement des huiles d'olive.

Tout en rendant librement justice à ce qu'il y a d'éminemment *grandiose* dans ce procédé, je dois peut-être me défendre contre le reproche trop commun aujourd'hui d'avoir eu en vue quelque insinuation perfide ou quelque allusion séditieuse. M. le procureur du roi, que j'honore parfaitement, quoique je n'aie pas l'honneur de le connaître, n'aura jamais à me reprendre, j'espère, sur un délit de la presse, moi qui tournerais plus volontiers pendant toute l'éternité autour de ma pensée, comme le chien de garde au bout de sa chaîne, que de franchir ses limites légales de l'épaisseur d'un atome, ou de la simple portée d'une idee nouvelle. Vieux tory de naissance et d'inclination, je suis connu pour préférer à tous les rois de palissandre du monde, les rois du bois dont on les fait.

J'ai du reste par devers moi, pour mettre ma responsabilité à l'abri, la relation véridique des *Voyages de Kaout' t' Chouk,* qui sont un livre fort rare, comme il convient dans ces matières de hautes et substantielles études, mais qui ne sont pas un livre de raison, et je suppose qu'on a dû s'en apercevoir de temps en temps en parcourant cette analyse. On parviendrait peut-être encore à s'en procurer chez Crozet ou chez Techener, les libraires favoris des amateurs, quelque précieux exemplaire imprimé sur peau de promerops, et relié en cuir de griffon, d'ixion, de licorne ou de béémoth, avec des dentelles fantastiques sur le plat, par le Bauzonnet de la Polynésie, ce qui veut dire au moins son Thouvenin; mais cela coûterait bon.

Gloire soit rendue à l'écrivain par qui cet excellent livre nous est venu de loin ! Ce qui nous manque en France, ce n'est pas cette fine gaieté de l'esprit qui effleure en passant, avec l'adresse de l'à-propos, un ridicule superficiel, nous en avons à revendre. C'est cette ironie pénétrante et profonde qui fouille et creuse autour de lui, et qui ne se lasse de l'ébranler sur ses racines, que lorsqu'elle l'a extirpé. Voyez Cervantes, voyez Butler, voyez Swift, voyez Sterne : ces gens-là ne se contentent pas d'émonder *luxuriam foliorum* ; ils sapent l'arbre et le jettent mort sur la terre, sans semences et sans rejetons. Ce genre de critique, dont Voltaire et

Beaumarchais ont fait un funeste abus, en l'appliquant par étour-
derie ou par méchanceté à tout ce qui nous restait d'idées sociales,
avait chez nous des modèles, malheureusement fort difficiles à
imiter, dans Molière et dans Rabelais; et il faut que je l'avoue, au
préjudice de mes théories philosophiques, si la littérature a ses
causes finales, comme toutes choses, Rabelais et Molière ne sont
pas arrivés à leur jour, ou bien la providence des vérités nous
ménage un Rabelais, un Molière, qui tardent beaucoup à venir.
Qu'était-ce, grand Dieu! que le jargon des *Précieuses* et des *Femmes
savantes* auprès de celui qu'on nous a fait, et qui n'a plus de nom
dans aucune langue? *Tartufe* lui-même, que le poète a dessiné à si
grands traits, serait un méchant écolier dans ce siècle d'hypocrisie
et de mensonge, où le faux seul jouit des priviléges du vrai. La
postérité aura sans doute beaucoup de choses à nous reprocher,
au cas que nous ayons une postérité qui daigne s'occuper de nous;
mais ce qu'elle remarquera de plus caractéristique dans notre époque, c'est l'absence presque totale du *dériseur* sensé qui a le bon
esprit de se moquer des autres, et de protester par un mépris ju-
dicieux contre l'ignorance et la folie de ses contemporains. Eh quoi!
sera-t-il dit que nous ayons vécu pendant soixante ans sous l'em-
pire des mystifications les plus impertinentes, dont la fausse phi-
lantropie, la fausse science et la fausse littérature aient jamais
affronté le genre humain (et je ne dis pas trop : je donne le choix
dans tous les âges à un homme de bonne foi!); faudra-t-il que cette
nation en cheveux blancs, qui a été représentée par Rabelais dans
sa jeunesse et par Molière dans sa virilité, épuise jusqu'au marc le
calice d'ignominie où l'abreuvent des charlatans de toute sorte et
de toute couleur, dont Tabarin n'aurait pas voulu pour laquais,
sans qu'une voix vengeresse ait imposé à ces infâmes jongleries
l'opprobre qu'elles ont mérité? Que font cependant les hommes
d'un talent vrai, les hommes dignes d'une haute et importante mission, qui viennent prendre tour à tour un rang distingué dans la
comédie, dans le roman, dans la satire? Et il y a en vraiment beaucoup! Ils épluchent minutieusement dans leur laboratoire de petits
ridicules de salon, de petits travers d'intérieur, à peine percepti-
bles à ce télescope d'Herschell, dont nous parlions tout-à-l'heure.
Ils livrent une guerre de pygmées à de petites turpitudes, niaise-

ment scandaleuses, qui peuvent indifféremment être ou n'être pas, car les esprits sérieux et raisonnables n'auraient jamais conçu l'idée de l'existence des originaux, s'ils ne s'étaient amusés des portraits; ils ramassent des miettes dédaignées à la desserte de Marivaux et de Crébillon. Le temps où nous vivons nous a cependant compté des jours dans lesquels Aristophane et Juvénal ne seraient pas de trop, où cet effronté d'Archiloque décocherait peut-être inutilement son iambe insolent sur le triple airain dont le vice heureux est cuirassé; où ce n'est pas assez de stigmatiser les fous et les méchans, des pastels de l'esprit et des *pochades* de la fantaisie; où ce serait peu, je le crains, de l'acide et du fer chaud : et nous attendons encore, non pas Molière, qu'il ne faut plus attendre, mais un Le Sage ou un Dancourt! La poésie morale et la poésie satirique, ces grandes institutions du genre humain, procèdent précisément aujourd'hui comme le médecin ridicule, qui appliquerait des cosmétiques à un pestiféré pour le guérir de quelque tache à la peau. Quand on a reçu de son talent le ministère d'éclairer les hommes, de les corriger, et quelquefois de les punir, il faut le comprendre autrement : c'est plus qu'un métier, c'est plus qu'un art, c'est un sacerdoce.

Je déclare que si l'auteur des *Voyages de Kaout' t' Chouk* était dans les conditions du concours, c'est-à-dire Français, je l'aurais désigné à l'Académie française comme très digne, à mon avis, de concourir au *prix Monthyon,* pour l'ouvrage le plus utile aux mœurs, quoique son ingénieuse bluette n'appartienne en réalité qu'à la critique littéraire et scientifique; les mœurs sont l'expression manifeste de la raison publique. Elles se développent et se purifient, s'altèrent et périssent avec elle. Montrez-moi un peuple qui ait de la raison, et je vous réponds de ses mœurs. L'impunité des pervers a le même point de départ que le crédit des sophistes. Ce qu'il y a de plus glorieux pour la vertu, ce qui atteste mieux la divinité de son origine, c'est qu'elle ne cesse d'être en crédit parmi les nations que dans l'absence du *sens commun.*

Ch. Nodier.

COLLECTION

DE DOCUMENS INÉDITS

SUR L'HISTOIRE DE FRANCE,

PUBLIÉS PAR ORDRE DU ROI,
ET PAR LES SOINS DU MINISTRE DE L'INSTRUCTION PUBLIQUE.

Il y a deux ans à peu près que M. Guizot demanda aux chambres un modeste crédit de cent vingt mille francs, pour rechercher, disait-il, et publier les documens inédits relatifs à l'histoire de France. La commission du budget refusa tout court. M. Gillon, rapporteur, débita des raisons superbes pour prouver que nous étions tous assez instruits; M. Auguis argumenta de son côté, avec le positif qu'on lui connaît, sur l'inutilité de toute nouvelle exploration historique, appuyant le tout d'un gros anachronisme sur la mission à Londres de M. de Barrillon. Enfin, M. Garnier-Pagès s'éleva de toutes ses forces contre un projet d'études graves, dont il ne jugea pas que la république eût besoin. La demande ainsi repoussée, démantelée et renversée, M. Guizot monta à la tribune, donna vingt minutes d'explications nettes et sincères, appuyées de quelques vives et intelligentes paroles de M. Mauguin, et la chambre accorda les cent vingt mille francs. On perdit, en cette affaire, l'avis de M. Gillon, de M. Auguis et de M. Garnier-Pagès, et l'on